Fleurus Wissen

Tiere des Meeres

Idee und Text:
Emilie Beaumont

Illustrationen:
Bernard Alunni
Marie-Christine Lemayeur

Aus dem Französischen von
Regina Enderle

FLEURUS VERLAG

GROSSE WALE

Die Wale werden in zwei Hauptgruppen aufgeteilt: Bartenwale und Zahnwale. Alle Wale sind Säugetiere, das heißt, sie bringen ein Waljunges zur Welt, das von der Mutter gesäugt wird. Sie haben Lungen und atmen über das Blasloch an der Kopfoberseite ein. Die verbrauchte Luft blasen sie in einer weithin sichtbaren Wasserfontäne über dieses Blasloch wieder aus. Wale wurden wegen ihres Fettes lange Zeit gejagt. Die Internationale Walfangkommission untersagte 1986 den kommerziellen Walfang. Dennoch verfolgen einige Länder wie Japan und Norwegen weiterhin bestimmte Arten.

Ein eindrucksvolles Gebiss

Am Gaumen der Bartenwale hängen harte Hornplatten, die so genannten Barten. Wenn die Wale ihr Maul öffnen, strömen mehrere Kubikmeter Wasser hinein. Mit der Zunge drücken sie nun das Wasser durch die Barten wieder aus dem Maul. Wie bei einem Sieb bleiben Fische und Krill darin hängen.

Walmutter mit Kalb

Alle zwei bis drei Jahre bringt das Walweibchen ein Kalb zur Welt, das zwischen sechs und zwölf Monate gesäugt wird. Die Muttermilch wird dem kleinen Kalb mit Druck aus der Brustdrüse direkt ins Maul gespritzt. Auch das Junge muss zum Luft holen regelmäßig an die Wasseroberfläc

Blauwal

Er ist das größte aller Säugetiere. Er kann bis zu 30 m lang werden und über 150 t wiegen. Den Sommer verbringt er in den Polarmeeren, wo es Nahrung im Überfluss gibt. Im Winter wandert er zur Fortpflanzung in die wärmeren Gewässer der Tropen. Der Blauwal ist ein Einzelgänger, nur die Mutter und ihr Junges sind immer gemeinsam anzutreffen. Das Walkalb wiegt bei der Geburt bereits 2,5 t!

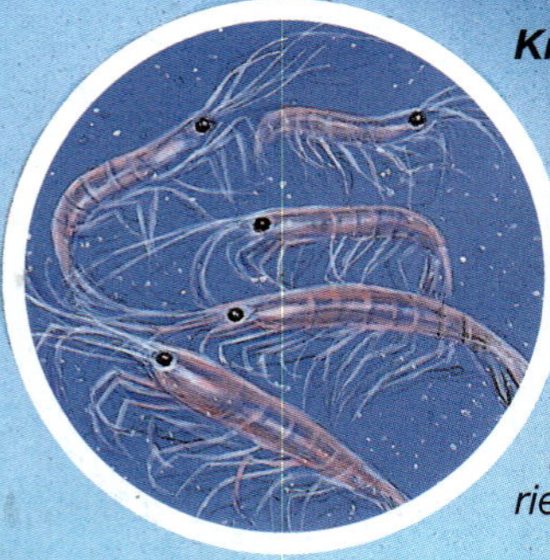

Krill *besteht aus tausenden von winzigen Krebstieren, die nur wenige Zentimeter groß sind. Im Meer gibt es davon mehrere Millionen Tonnen. Sie sind die Hauptnahrung der riesigen Bartenwale.*

***Der Schwertwal** bringt das Packeis mit seinem Gewicht in Schräglage. Der Seehund, der sich hier in Sicherheit wähnt, rutscht dem Räuber direkt ins offene Maul.*

Schwertwal

Man nennt ihn wegen seiner Gefährlichkeit auch Killerwal oder Orca. Er schwimmt sehr schnell und lebt gewöhnlich in Rudeln mit einem Anführer. Er ist durchschnittlich 6 m lang und wiegt 1 t. In seinem Gebiss sitzen sehr spitze Zähne. Zu seinen Beutetieren gehören See-Elefanten, Seehunde und auch kleinere Wale wie Delfine. Auch Fische, darunter vor allem Tunfische, verschmäht er nicht. Schwertwale sind sehr intelligente Tiere, die sich leicht zähmen lassen und enge Bindungen zu Menschen aufbauen können.

***Der Pottwal** ist der beste Taucher unter den Meeressäugern. Auch nach langen Tauchgängen erholt er sich rasch und taucht anschließend wieder in die Tiefen der Ozeane ab. Er taucht bis zu einer Wassertiefe von 1500 m. Zu seiner Nahrung gehören auch Riesenkalmare.*

Die meisten Pottwale sind grau. Es gibt aber auch einige wenige weiße Tiere.

Pottwal

Man erkennt ihn an seinem riesigen Kopf, der fast ein Drittel seines Körpers ausmacht. Der Pottwal hat nur im Unterkiefer Zähne. Diese sind mit einer Länge von bis zu 25 cm dafür umso gefährlicher. Er ernährt sich hauptsächlich von Kalmaren. Der Pottwal hat nicht viele Feinde. Nähert sich ein Hai, kann er ihn mit einem Schlag des kräftigen Schwanzes verletzen oder sogar töten. Die großen Pottwale wiegen ungefähr 40 t.

KLEINE WALE

Meeressäuger sind an das Leben im Wasser optimal angepasst. Ihr stromlinienförmiger Körper gleitet ohne jeden Widerstand durch das Wasser: Die Haut ist glatt, zum Teil mit Rillen versehen, und die Brustdrüsen stehen nicht ab. Die zu den Zahnwalen gehörenden Delfine halten mit verschiedenen Lauten untereinander Kontakt, orientieren sich oder spüren Beute auf. Dieses System nennt man Echo-Ortung oder Sonar. Wale können nicht nur gut tauchen, sondern vollführen auch beeindruckende Luftsprünge. Sowohl die Sprünge der großen Buckelwale als auch die der kleinen Delfine ziehen jeden Zuschauer in ihren Bann.

Delfinhaut ist sehr weich. Sie fühlt sich fast wie Seide an. Gerne tauschen die Delfine auch untereinander Berührungen aus.

Bei der Geburt eines Delfinbabys erscheint zuerst der Schwanz.

Die Geburt eines Delfinbabys

Delfine paaren sich im Allgemeinen im Frühjahr. Zwölf Monate später kommt das Delfinjunge zur Welt. Bei der Geburt hilft ein zweites Weibchen und bringt das Neugeborene zum Atmen an die Wasseroberfläche. Die Mutter säugt das Baby bis zu 18 Monate lang. Delfinweibchen sind mit acht Jahren geschlechtsreif.

Die Rufe der Delfine

Delfine verständigen sich in einer sehr ausgefeilten Sprache untereinander, die aus Ruf- und Pfeiflauten besteht. In Versuchen fand man heraus, dass sie sich mit bestimmten Lauten im Wasser orientieren und Beute aufspüren.

Der Schweinswal gehört zur Familie der Zahnwale. Man sieht ihn nur selten. Er strandet relativ häufig. Sein Maul hat nicht die typische Schnabelform. Mit weniger als 2 m Länge ist er recht klein. Viel zu oft landet er in den Netzen der Fischer.

Der Große Tümmler hat kleine, wache Augen. Sein „Lächeln“ entsteht durch die Anordnung seiner Gesichtsmuskeln.

Der Gemeine Delfin fühlt sich auch in Küstennähe wohl. Er ist ein außerordentlich guter Schwimmer, der gern Schiffe begleitet und häufig Luftsprünge vollführt.

Der Beluga oder Weißwal ist bei der Geburt braun. Erst mit der Zeit wird seine Haut weiß. Im Sommer treffen sich die Belugas zu hunderten in Flüssen und bieten ein einmaliges Naturschauspiel. Der Beluga hat ein sehr ausdrucksstarkes Gesicht: Häufig scheint man darauf ein Lächeln zu erkennen.

Der Flussdelfin

In den Flüssen Asiens und Südamerikas leben Flussdelfine. Sie sind fast blind. Die Flussdelfine haben ein langes, schnabelförmiges Maul, eine große, runde Stirn und einen sehr beweglichen Hals.

Der Delfin als Freund des Menschen

Ein Delfin in Gefangenschaft lässt sich gut dressieren. Mit Leichtigkeit und spürbarer Freude vollführt er seine Kunststücke. Dank seines muskulösen Schwanzes kann er seinen Kopf lange über Wasser halten und mit aufrechtem Körper rückwärts schwimmen.

KRAKEN

Die vielarmigen Kopffüßer heißen Kraken, Tintenfische, Kalmare oder Oktopus. Schon früh regten Kraken die Fantasie der Schriftsteller an: Meist wurden sie als vielarmige Ungeheuer beschrieben, die Schiffe auf den Meeresgrund ziehen können. Riesenkalmare gibt es tatsächlich, sie sind aber sehr selten. Der Krake mit seinem weichen Körper ist in der Regel ein eher schreckhaftes Tier, das sich bei Gefahr zurückzieht. Sein Körper ist sehr dehnbar und lässt sich auch durch schmale Spalten bewegen. Auf der Flucht vor Feinden kann er Form und Farbe verändern. Der Krake ist ein Einzelgänger mit festem Wohnsitz.

Kampf mit einer Muräne

Kraken kämpfen häufig um einen Unterschlupf. Selbst mit Muränen legen sie sich an. Doch nur selten geht solch ein Kampf zu Gunsten der Kraken aus. Meist sind die Bissverletzungen der Muräne tödlich. Beim Ringen zweier Kraken sind die Siegeschancen dagegen ausgeglichen. Zuletzt geht dem Verlierer die Luft aus und er wird ganz grau, der Sieger dagegen knallrot.

Die Jagd

Auf der Jagd bewegen sich Kraken mit ihren acht Fangarmen, den Tentakeln, über den Boden. Sie sind auch gute Schwimmer und können vorbeischwimmende Fische fangen. Große Geschicklichkeit beweisen sie beim Aufbrechen von Langustenkörben. Mit den Tentakeln ergreifen sie die Beute und schieben sie in den Mund mit dem schnabelartigen Hornkiefer.

Die Saugnäpfe an der Unterseite der Tentakel dienen dem Tastsinn. Mit ihnen erkennen Kraken Nahrung und andere Dinge. Sie können sogar scharfkantige von glatten Oberflächen unterscheiden.

Im Durchschnitt werden Kraken drei Jahre alt.

Tinte als Versteck

Bei Gefahr flieht der Krake und spritzt einen schwarzen Tintenstrahl hinter sich, der innerhalb weniger Sekunden eine dichte Nebelwand bildet. So kann er seinem Verfolger entkommen. Er kann sich auch ganz klein machen oder sein Aussehen verändern und Form und Farbe eines Steins annehmen. Auf diese Weise entgeht er den Blicken seiner Feinde: den Haien, Delfinen und vor allem Muränen.

Gut behüteter Nachwuchs

Nach einer zum Teil stundenlangen Paarung und einigen Wochen Tragezeit legt das Krakenweibchen Millionen von Eiern. Der Zeitpunkt der Eiablage ist bei den einzelnen Arten verschieden. In seinem Unterschlupf hängt das Weibchen die unzähligen Eier in Trauben an die Decke und bewacht sie. Dabei vergisst es manchmal sogar zu fressen und stirbt. Daher bekommen Kraken in der Regel nur einmal in ihrem Leben Junge.

Der Unterschlupf

Häufig haben Kraken ihren Wohnsitz in alten Amphoren oder Höhlen im Fels. Den Eingang zu ihrem Unterschlupf verbauen sie mit einer kleinen Mauer aus Steinen und anderen vom Meeresboden aufgelesenen Dingen wie zum Beispiel Flaschen und alten Reifenteilen.

FISCHE

Fische sind wechselwarme Tiere, die sich in Gewässern ohne starke Temperaturschwankungen am wohlsten fühlen. Einige Fische pendeln zwischen ihrem Laichplatz, das ist der Ort der Fortpflanzung, und verschiedenen Futterplätzen. Da im Wasser das Körpergewicht kaum zu spüren ist, spielt die Größe des Fischs keine große Rolle: Der Walhai schwimmt genauso gut wie der Tunfisch oder die Makrele. Fische wachsen übrigens fast ihr ganzes Leben lang. Die Familie der Fische ist riesig. In allen Meeren und allen Wassertiefen sind sie zu Hause. Es gibt Fische in allen Farben, Formen und Größen.

Nasenöffnung
Viele Fische haben einen sehr feinen Geruchssinn, wahrscheinlich aber keinen Geschmackssinn. Die Nahrung wandert direkt in den Magen.

Augen
Die meisten Fische haben auf jeder Kopfseite ein Auge. Das verschafft ihnen ein breites Blickfeld.

Mittelgrät
Sie ist die Wirbelsäu des Fischs

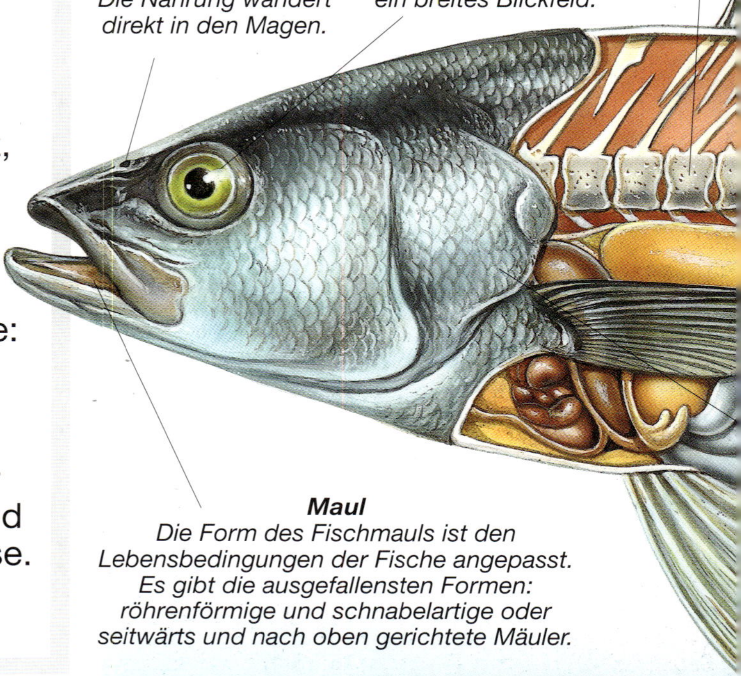

Maul
Die Form des Fischmauls ist den Lebensbedingungen der Fische angepasst. Es gibt die ausgefallensten Formen: röhrenförmige und schnabelartige oder seitwärts und nach oben gerichtete Mäuler.

Fortbewegung im Wasser

Zur Fortbewegung muss der Fisch das Wasser an seinen Seiten wegdrücken. Der Kopf vollführt Seitenbewegungen nach rechts und links und teilt das Wasser. Die kräftigen Schläge der Schwanzflosse sorgen für Antrieb. Das Wasser gleitet an den Flanken entlang und kommt am Schwanzende wieder zusammen, was zusätzlichen Vorschub bedeutet.

VARIANTENREICHTUM DER FISC

Walhai

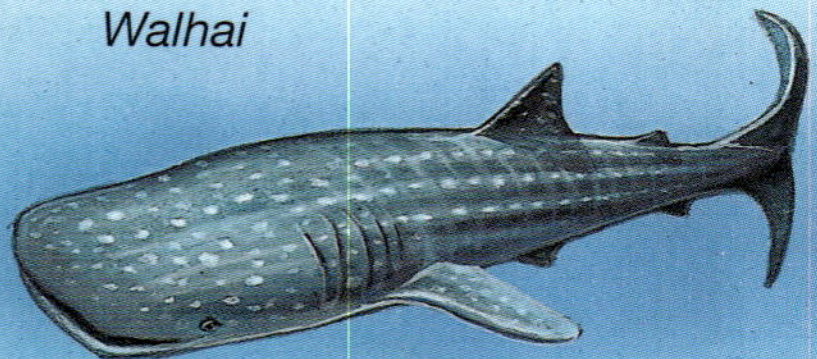

Manta

Tarnung
Damit sie für ihre Feinde oder Beutetiere unsichtbar sind, nehmen viele Fische Farbtöne und Formen ihrer Umgebung an. Manche Fische können ihr Aussehen auch dem momentanen Hintergrund anpassen. In den bunten Korallenriffen fallen die farbenprächtigen Fische zum Beispiel überhaupt nicht auf. Farbe kann auch ein Mittel zur Verführung oder Ausdruck einer Stimmung sein.

Steinfisch

Röhrenaale

Pinzettfisch

Schwimmblase
Dank der mit Gas gefüllten Schwimmblase hält der Fisch dem Wasserdruck stand und kann in unterschiedlichen Wassertiefen schwimmen.

Schuppen
Sie schützen den Körper wie eine Rüstung und wachsen mit. Die Schuppenform hängt von der Fischart ab. Der Schleim, der den gesamten Körper der Fische überzieht, ist ihr Schutzschild gegen Bakterien und verbessert die Gleitfähigkeit im Wasser.

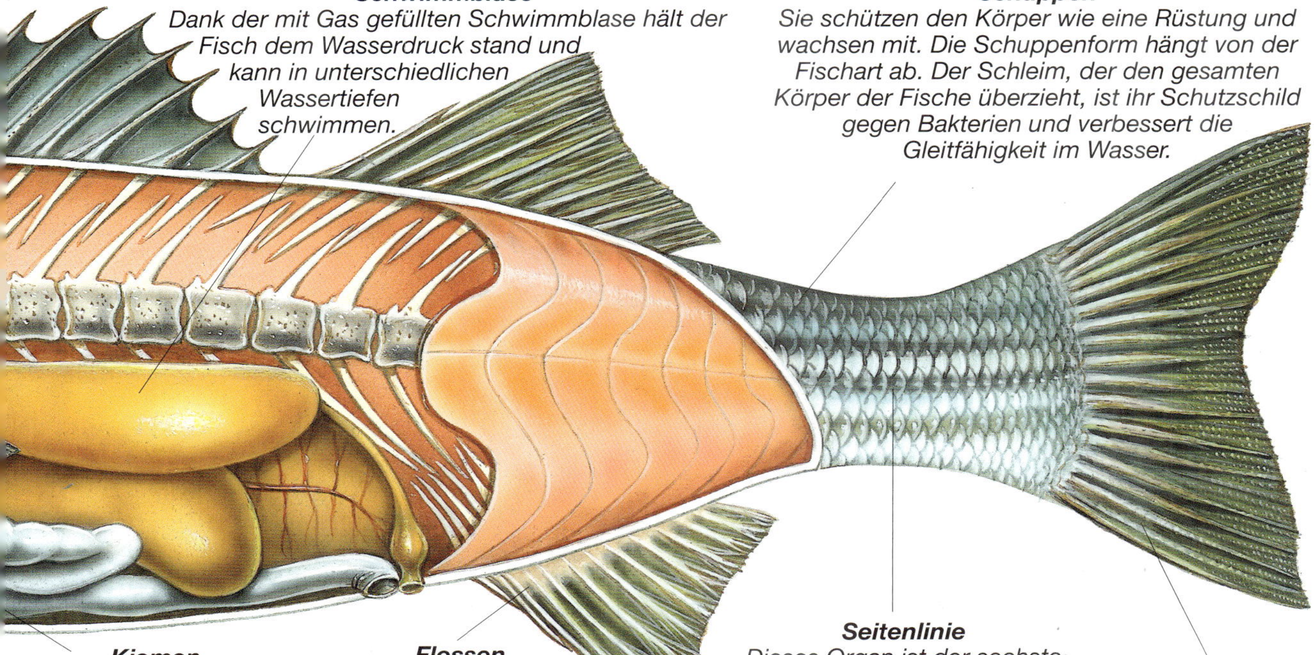

Kiemen
Der Fisch schluckt Wasser. Während das Wasser die Kiemen umspült, wird ihm über die Kiemenblättchen Sauerstoff entnommen.

Flossen
Jede Flosse hat eine bestimmte Aufgabe. Die Flossen sind zuständig für Antrieb, Steuerung und Gleichgewicht.

Seitenlinie
Dieses Organ ist der sechste Sinn des Fischs. Mit ihm nimmt der Fisch die Strömung des Wassers, das an seinen Flanken vorbeifließt, wahr. Hier spürt er auch Wirbel im Wasser und „sieht" dadurch Hindernisse.

Schwanz
Der Fischschwanz hat kräftige Muskeln und dient gemeinsam mit den Flossen der Fortbewegung.

FORM, FARBE UND GRÖSSE

Das Maul
Da Fische keine Arme haben, ist das Maul bestens an die jeweilige Nahrung angepasst. Der Papageifisch zum Beispiel hat einen Schnabel aus zusammengewachsenen Zähnen, die Korallen abknabbern und zermahlen können. Bei der Scholle ist das gesamte Maul auf die Seite gedreht, damit sie besser an die Beute herankommt.

Fliegende, schlängelnde und springende Fische
Nicht alle Fische bleiben im Wasser. Manchen Arten gefällt es auch außerhalb: Der Fliegende Fisch beispielsweise schnellt aus dem Wasser und gleitet über die Wellen. Ein gestrandeter Aal findet mit Schlängelbewegungen zurück ins Nass. Und der Schlammspringer stützt sich auf seine Flossen, erklimmt den Stamm eines Mangrovenbaums und macht es sich dort bequem.

VERBREITETE FISCHARTEN

Auf den Fischmärkten findet man eine Vielzahl von Fischen. Dennoch sind dies nur einige hundert der 20 000 Arten, die essbar sind. Jedes Jahr werden entlang der Küsten und auf hoher See Millionen Tonnen Fisch gefangen. Der intensive Fischfang mit gigantischen Netzen gefährdet die Fortpflanzung der Arten, da sowohl junge als auch alte Fische an Land gezogen werden. Auf den Fabrikschiffen wird der Fisch sofort weiterverarbeitet und eingefroren.

Sardinen

Die Fische mit ihrem blaugrünen Rücken und silbrigen Bauch ziehen in der warmen Jahreszeit in Schwärmen durch das Meer. Nach dem Fang werden sie frisch verzehrt oder in Öl eingelegt.

Makrelen

Der Rücken der Makrelen ist schwarz gestreift. Häufig leben sie in Schwärmen und nähern sich im Frühling und Sommer den Küsten. Ihr Fleisch ist hoch geschätzt.

Dorsch

Der zur Fortpflanzung reife Hochseefisch wird auch als Kabeljau bezeichnet. Er lebt in Schwärmen in kalten Gewässern. In Portugal wird er mit Salz haltbar gemacht..Dorsche legen bis zu 10 Millionen Eier.

Seezunge und Steinbutt

Sie gehören zu den Plattfischen, die am Meeresgrund leben und sich in Wellenbewegungen fortbewegen. Sie vergraben sich im Sand und verstecken sich so vor ihren Feinden.

Seezunge

Steinbutt

Tunfisch

Der Weiße Tunfisch wird 1 m lang, der Rote Tunfisch kann bis zu 3 m Länge erreichen. Letzterer lebt im Mittelmeer und im Atlantik. Er kann bis zu 70 km/h schnell schwimmen! Der Tunfisch hat keine Schwimmblase. Daher muss er ständig Schwimmbewegungen durchführen, um nicht unterzugehen.

Seeteufel

Der Furcht erregende, bis zu 1,50 m große Fisch ist trotz seines abstoßenden Aussehens essbar.

Meeräsche

An den Küsten Mauretaniens helfen die Delfine den Fischern durch ihre bloße Anwesenheit beim Fang von Meeräschen. Die Delfine bewirken, dass die Fischschwärme dicht zusammenrücken, und treiben sie in die Netze der Fischer.

Merlan

Häufig kommt diese Fischart in kalten Meeren vor. Der Merlan zieht in Schwärmen durch die Meere und ernährt sich von kleinen Garnelen, Fischen und Fischeiern.

Drachenkopf

Der Fisch mit seinem stacheligen Kopf heißt auch Meersau oder Meerkröte.

BIZARRE WELT DER FISCHE

Die Unterwasserwelt wird von sonderbaren Kreaturen bewohnt. Seltsame Fische leben in der Tiefsee in völliger Dunkelheit. Im Laufe der Jahrhunderte haben sie sich den schwierigen Lebensbedingungen ohne Licht und Wärme und mit wenig Nahrung angepasst. Ihr Aussehen ist Respekt einflößend. Über 70 % der Tiefseefische haben Leuchtorgane. Eine Anpassung der anderen Art fand in den warmen Meeren bei den kleinen Korallenfischen statt. Zur Verteidigung verbergen manche Fische unter ihrem prachtvollen Äußeren Giftstacheln.

Rotfeuerfisch

Gut verborgen inmitten der prächtigen Flossen sind hohle, mit Gift gefüllt Strahlen.

Skorpionsfisch

Er lebt zwischen Felsen in flachen Gewässern. In dieser Umgebung ist er fast unsichtbar.

Krötenfisch

Zwischen Pflanzen ist er gut getarnt, denn er kann verschiedene Farben annehmen. Am Maul hat er einen kleinen Köderfortsatz, mit dem er seine Beute anlockt.

Froschfisch

Er ist in felsiger Umgebung so gut getarnt, dass seine Beute ahnungslos an ihm vorbeischwimmt. Er kann auf seinen kräftigen Flossen laufen.

Igelfisch

Seinen Namen verdankt er seiner Verteidigungsstrategie. Bei Gefahr schluckt er so viel Wasser, dass er seine Größe verdoppelt oder verdreifacht. Gleichzeitig spreizt er die Stacheln ab. Lässt sein Gegner immer noch nicht locker, vertreibt er ihn mit starkem Gift.

Kugelfisch

Dieser Fisch bläht sich wie der Igelfisch bei Gefahr auf. Er hat ein sehr hartes, schnabelartiges Maul, mit dem er kleine Schalentiere knacken kann.

Kuh-Kofferfisch

Den beiden kleinen Hörner an seinem Kopf verdankt er seinen Namen. Sein Körper wird von einem Panzer aus Knochenplatten geschützt.

Viperfisch

In der Dunkelheit der Tiefsee lockt er seine Beute mit Leuchtorganen auf dem Körper an. Sein Furcht einflößendes Gebiss verhalf ihm zu seinem Namen.

Schmuck-Kofferfisch

Dieser Kugelfischverwandte schwimmt langsam in flachen tropischen Gewässern. Sein Gift ist gefährlich.

FISCHE AUF WANDERSCHAFT

Temperatur und Nahrung sind zwei Gründe für Meeresfische, mithilfe der Meeresströmungen große Entfernungen zu überwinden. Die spektakulärsten Wanderzüge über tausende von Kilometern aber unternehmen die Arten, die zur Fortpflanzung in eine bestimmte Gegend ziehen. Bis heute sind viele Rätsel damit verbunden. Manche Meeresbewohner verlassen zum Laichen das Meer und wandern in die Flüsse, in denen sie geboren wurden. Andere wiederum ziehen zum Laichen von den Flüssen ins Meer.

Glasaal

Die aus den Eiern geschlüpften Aallarven wandern mit der Meeresströmung. Nach einer langen Reise gelangen sie an die Küsten. Sie haben sich inzwischen in 7 bis 8 cm lange Glasaale verwandelt. Die kleinen Aale wandern weiter in die Flüsse und werden Flussaale.

Glasaale

Lachs

Lachse kommen im Süßwasser zur Welt, wandern ins Meer und verbringen dort ihr Leben mit Fressen und Wachsen. Nach einigen Jahren unternehmen sie die gleiche Reise in entgegengesetzter Richtung, um sich fortzupflanzen. Seine Flussheimat erkennt der Lachs am Geruch. Nichts kann einen Lachs auf der Suche nach seinem Laichplatz aufhalten. Bis zur völligen Erschöpfung springt er gegen den Strom und über Stauwehre. Wenn er dem eigentlichen Flusslauf nicht weiter stromaufwärts folgen kann, versucht er über andere Ströme an sein Ziel zu gelangen. Lachse auf Wanderschaft hören auf zu fressen, verletzen sich zum Teil und werden immer schwächer. In der Regel sterben die Lachse nach dem Laichen.

***Der Lachs** kann sehr hoch und weit springen. Selbst 3,50 m hohe Hindernisse werden übersprungen. An Wehren und Dämmen ermöglichen Fischtreppen (terrassenförmig angelegte Becken) dem Lachs ein Weiterkommen.*

Lachse

***Der Lachs** verändert auf seiner Wanderung Form und Farbe seines Körpers. Beim Männchen krümmt sich der Unterkiefer zu einem Haken.*

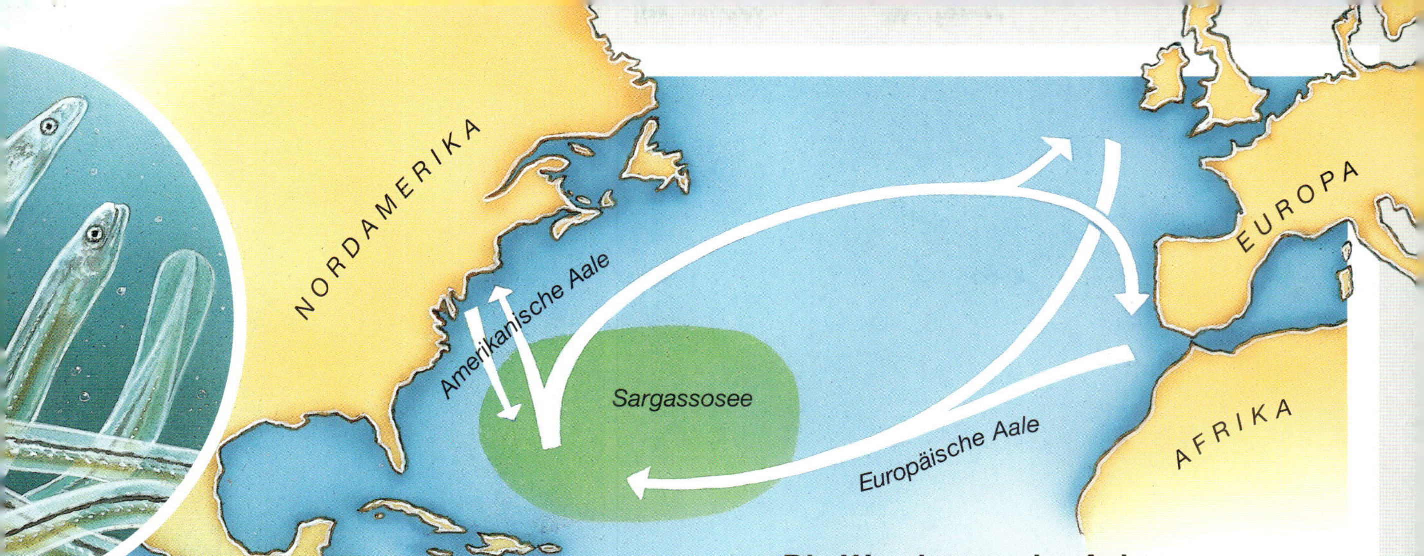

Die Wanderung der Aale

Im Alter von fünf bis acht Jahren verlassen die Amerikanischen und Europäischen Flussaale ihre Heimat in den Flüssen und ziehen in die Sargassosee im Atlantik. Mit der Ankunft im Meer verkümmert ihr Darmtrakt. Auf der weiteren Reise fressen sie nicht mehr. Am Ziel laichen sie in 400 m Tiefe und sterben. Auch heute noch ist diese Wanderung rätselhaft.

***Aale** leben mehrere Jahre in Flüssen, bevor sie ins Meer ziehen.*

Stör

Störe sind eindrucksvolle Süßwasserfische. Sie können bis zu 5 m lang und über 150 Jahre alt werden. Einige Störarten leben im Meer und kehren nur zur Fortpflanzung ins Süßwasser zurück. Sie laichen im Frühling und Sommer. Manche Arten laichen jedes Jahr, andere in unregelmäßigen Abständen. Während des Laichens nehmen sie keine Nahrung zu sich. Das Weibchen legt Millionen von Eiern, den so genannten Rogen, der an Wasserpflanzen hängt. Aus Rogen wird der berühmte Kaviar gemacht.

Meerforelle

Forellen sind Süßwasserfische. Einige ziehen jedoch ins Meer, wo sie Nahrung im Überfluss finden. Sie werden zum Teil doppelt so groß wie ihre Artgenossen. Die so genannten Lachsforellen mit silberfarbenen Schuppen wandern zum Laichen zurück ins Süßwasser.

Meerforelle

***Der Stör** hat einen kompakten Körper, der von mehreren Reihen kleiner, elfenbeinfarbener Höcker überzogen ist*

Stör

HAIE

Spricht man von Haien, so denkt man meist an riesige, Schrecken erregende Ungeheuer. Sie haben einen denkbar schlechten Ruf, aber von den 370 bekannten Haiarten können nur 30 dem Menschen gefährlich werden. Die beiden größten Haiarten, der Walhai und der Riesenhai, ernähren sich überwiegend von Plankton (winzige Tierchen und Pflanzen, die im Wasser schweben). Die kleinsten Haie sind weniger als 30 cm groß, die größten sind über 20 m lang. Alle Haie haben einen sehr ausgeprägten Geruchssinn, viele von ihnen auch sehr gute Augen. Manche Haie legen Eier, andere sind lebend gebärend.

Der Weißhai ist ein gefräßiger Jäger. Früher hatte er den Beinamen „Menschenfresser". Als Jäger schwört er auf Blitzangriffe. Zu seiner Beute gehören Meeressäuger, Meeresschildkröten, Tintenfische und gelegentlich auch Menschen. Er beißt zunächst nur ein Stück aus seiner Beute heraus, lässt sie sterben und verschlingt sie anschließend.

Blauhai

Er ist einer der bekanntesten Haie und verdankt seinen Namen seinem nachtblauen Rücken. Er wird durchschnittlich 4 m lang, kann aber auch 7 m Länge erreichen. Er ist ein Einzelgänger und lebt in warmen und tropischen Meeren.

Das Gebiss der Haie

Das Haigebiss besteht aus mehreren Zahnreihen. Abgenutzte Zähne werden ersetzt, sodass Haie immer scharfe Zähne haben. Es ist unerheblich, ob der Hai ein Jäger oder Planktonfresser ist, seine Zähne sind der Ernährung perfekt angepasst: Es gibt lange, dolchartige oder kurze rasiermesserscharfe Zähne und auch flache Mahlzähne.

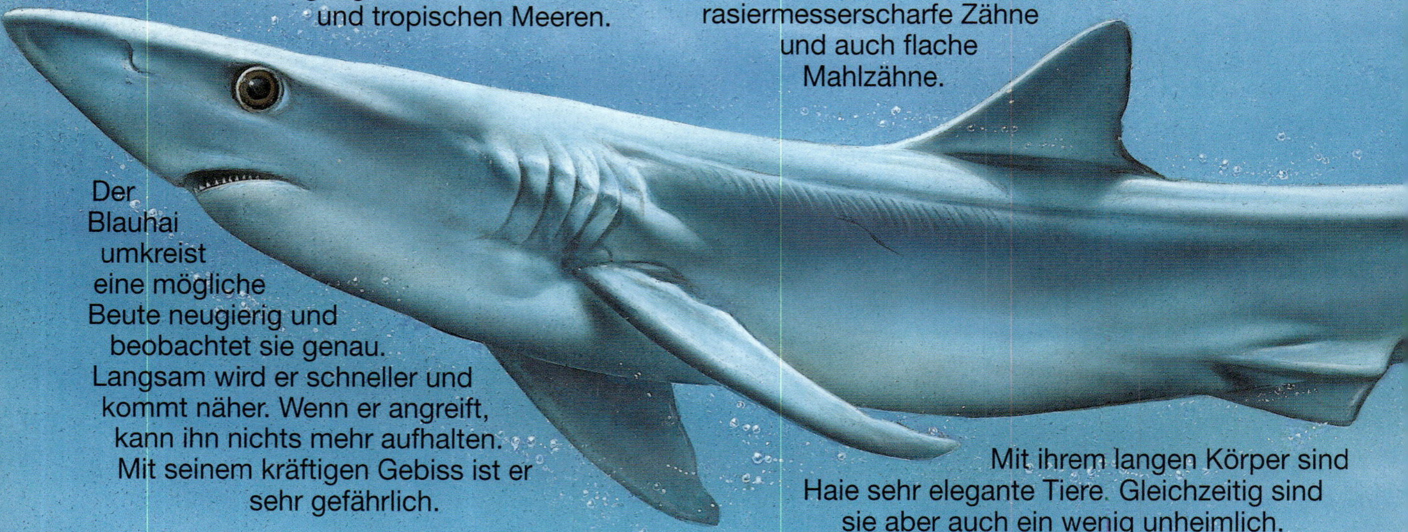

Der Blauhai umkreist eine mögliche Beute neugierig und beobachtet sie genau. Langsam wird er schneller und kommt näher. Wenn er angreift, kann ihn nichts mehr aufhalten. Mit seinem kräftigen Gebiss ist er sehr gefährlich.

Mit ihrem langen Körper sind Haie sehr elegante Tiere. Gleichzeitig sind sie aber auch ein wenig unheimlich.

Der Walhai lebt alleine oder in kleinen Gruppen. Er ist ungefährlich und verhält sich ziemlich friedlich. Er wird bis zu 20 m lang. Er ist der größte aller Fische.

Haie sind Vielfraße

Alle Haie sind Fleischfresser. Am liebsten fressen sie abends. Manche Haie suchen ihre Beute mit den Augen, meistens spüren sie sie aber mit ihrem Geruchssinn auf. Sie haben richtige „Supernasen“. Blutgeruch macht sie ganz wild. Ohne Rücksicht stürzen sie darauf zu. Wird dabei ein Artgenosse verletzt, wird der gleich mit verschlungen. Junge Haie im Wachstum fressen mehr als die Alten, die mehrere Tage lang fasten können. Manche Haie fressen Meeresschildkröten und Tintenfische und greifen auch kleine Wale an. Auch Unverdauliches wandert in ihren Magen wie Holzstücke und Eisenteile!

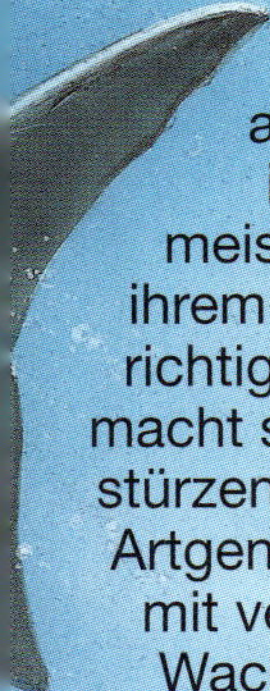

__Der Riesenhai__ ist 10 m lang und wiegt 4 t. Der harmlose Hai frisst Plankton.

Die Augen des __Hammerhais__ sitzen an den Enden seines lang gezogenen Kopfes. Der 5 m lange Jäger mit dem unheimlichen Aussehen lebt in flachen Gewässern.

Wenn der __Sägehai__ eine Fischbank aufspürt, schlägt er mit seinem langen Maul wie wild um sich und sammelt anschließend die verletzten oder toten Fische ein.

__Der Kubanische Katzenhai__ ist der kleinste Hai. Er ist weniger als 30 cm groß.

Haie haben einen kalten, starren Blick. Ihr gefährliches Maul umspielt ein grimmiges Lächeln. Ihre Haut ist nur scheinbar glatt. Sie ist mit tausenden winziger Schuppen besetzt und so rau wie Schmirgelpapier.

KREBSTIERE

Den Körper der Krebse schützt ein hartschaliger Chitinpanzer. Mit ihren zwei Antennenpaaren spüren sie Beute auf und messen die Wassertemperatur. Zehnfußkrebse, die so genannten Dekapoden, wie Krebs, Hummer und Garnele, bilden eine wichtige Gruppe in der Familie der Krebstiere. Sie leben zwischen den Felsen in Ufernähe oder im Meer. Wenn sie wachsen, müssen sie den zu klein gewordenen Panzer ablegen und durch einen größeren ersetzen. Diesen Vorgang nennt man Häuten. Während des Häutens sind sie einige Tage sehr verwundbar, da der neue Panzer noch weich ist und ihr Körper so ungeschützt ist.

Languste

Langusten leben alleine, unternehmen aber manchmal mit ihren Artgenossen lange Wanderungen. Dabei ziehen sie in kilometerlangen Kolonnen Kopf an Schwanz über den Meeresgrund.

Die Languste hat sehr kleine Scheren. Ihre langen, sehr empfindlichen Antennen liefern ihr alle Informationen über die Umgebung.

Der Hummer ist ein Einzelgänger, der sich zwischen Felsen verbirgt. Er wird durchschnittlich 100 Jahre alt.

Die Häutung

Wenn der Panzer zu eng wird, pumpt der Krebs sich mit Wasser auf und sprengt das alte Gehäuse. Er schält sich aus dem alten Panzer heraus und versteckt sich, da sein neuer Panzer noch weich ist. Nach einigen Tagen ist der Panzer ausgehärtet. Im ersten Lebensjahr häutet der Krebs sich ungefähr zehnmal, später ein- bis zweimal pro Jahr.

Die Garnele legt winzige Eier, die sie fast sechs Monate lang am Hinterleib umherträgt.

Die Geisterkrabbe gräbt sich in den Sand ein. Nur die Stielaugen schauen aus dem Versteck und überwachen die Umgebung.

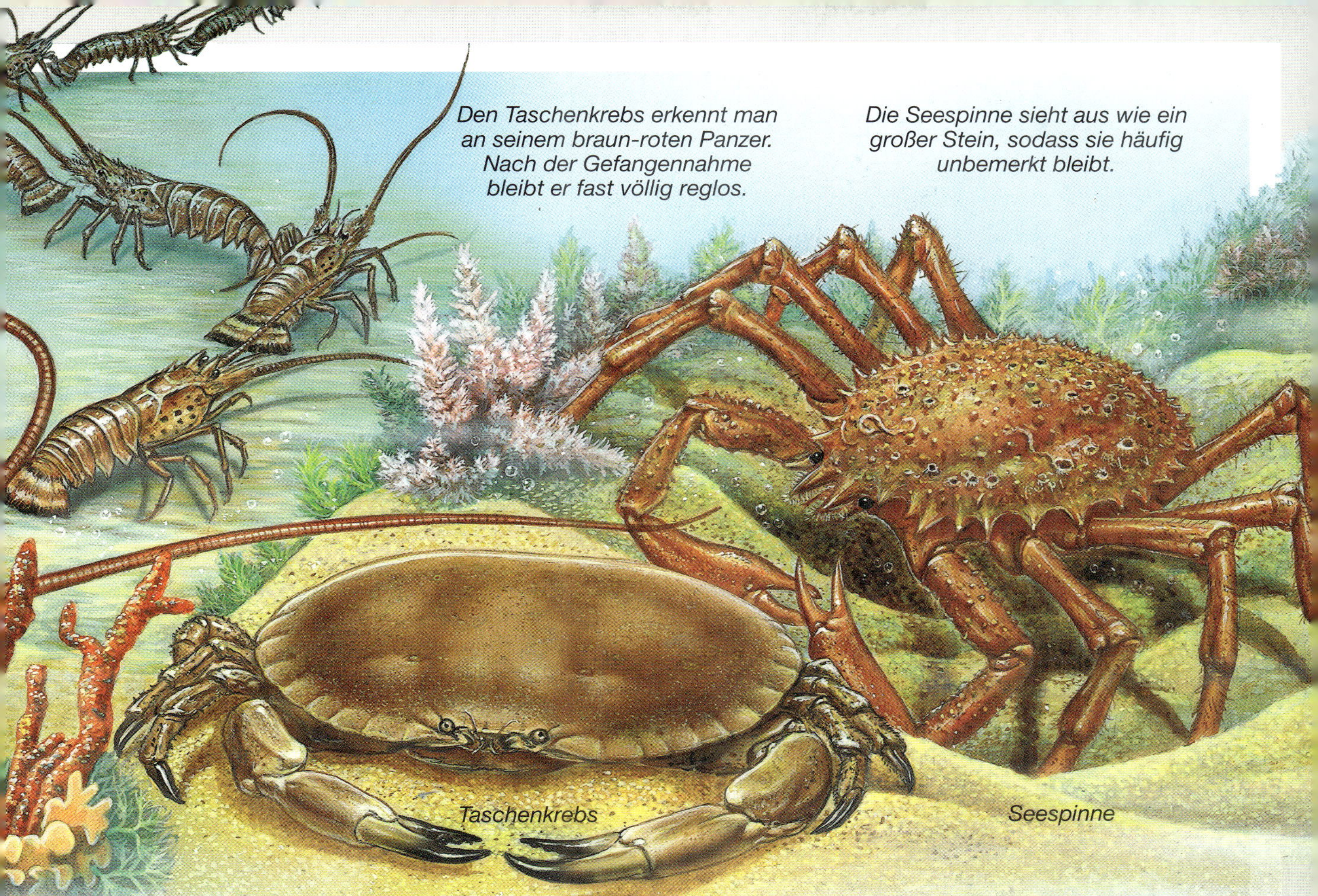

Den Taschenkrebs erkennt man an seinem braun-roten Panzer. Nach der Gefangennahme bleibt er fast völlig reglos.

Die Seespinne sieht aus wie ein großer Stein, sodass sie häufig unbemerkt bleibt.

Hummer

Die Scheren dienen der Verteidigung und dem Angriff. Die größere Schere ist die Knackschere; die kleinere, mit kleinen Zähnchen bestückte, ist die Schneideschere. Der Hummer ist ein Fleischfresser, der sich u. a. von Muscheln ernährt. Manchmal frisst er nach der Häutung auch seinen alten Panzer.

Einsiedlerkrebs

Dieser Krebs hat einen weichen Körper und sucht Unterschlupf in verlassenen Schneckenhäusern. Wenn er wächst, muss er sein Haus wechseln. Manchmal streiten sich zwei Einsiedlerkrebse auch um ein Haus.

Krabben

Die unzähligen Krabbenarten haben alle einen breiten Panzer und ein Paar großer Scheren. Sie sind Fleischfresser und wohnen am Meeresboden. Um ihren Feinden zu entkommen, wühlen sie sich in den Sand.

Die Winkerkrabbe erkennt man an der einen, stark vergrößerten Schere. Das Männchen winkt mit ihr, um das Weibchen auf sich aufmerksam zu machen.

MUSCHELN UND SCHNECKEN

Muscheln und Schnecken sind Weichtiere, die ihr weiches Inneres mit einer harten Schale schützen. Größe, Form und Farbe der Schale ist je nach Art verschieden. Muscheln haben Kiemen, um Sauerstoff aus dem Wasser herauszufiltern, und ein Herz, das den Blutkreislauf antreibt. Sie legen eine Vielzahl von Eiern. Die meisten Muscheln sind lichtempfindlich. Manche Arten sind sesshaft und verankern sich an einem Ort. Die Mehrheit bewegt sich jedoch auf der Suche nach Nahrung, einem Partner oder auf der Flucht vor Feinden durchs Wasser.

Jakobsmuscheln

Auch im Sand ruhend überwachen sie die Umgebung aufmerksam. Ihre Mantelfalte ist mit kleinen Augen und Sinnestentakeln gesäumt, die einen sich nähernden Feind sofort melden.

Herzmuscheln und Venusmuscheln

Sie graben sich zum Schutz in den Sand. Durch schnelles Öffnen und Schließen der Muschelschale bewegen sie sich fort.

Miesmuscheln

Die zweischalige Miesmuschel kann auf- und zuklappen. Über eine Röhre, Sipho genannt, werden sauerstoffreiches Wasser und Nahrung angesogen, gefiltert und über die danebenliegende Öffnung wieder ausgeschieden.

Turmschnecken

Mit ihren spiralförmigen Schneckenhäusern schrauben sie sich in den Sand, indem sie sich um die eigene Achse drehen.

Napfschnecken

Man erkennt sie leicht an ihren kappenförmigen Schalen. Bei Ebbe heften sie sich mit ihrem Saugnapf an Felsen. Bei Flut suchen sie ihre Lieblingsnahrung: mikroskopisch kleine Algen.

Scheidenmuscheln

Sie graben tiefe Löcher, in denen sie sich verstecken.

Austern

Eine besonders begehrte Austernart produziert Perlen. Dringt ein Sandkorn in die Muschel ein, so schützt sie sich vor dem Eindringling, indem sie ihn mit immer neuen Schichten Perlmutt überzieht. So entsteht die Perle.

Strandschnecken und Wellhornschnecken

Diese beiden Schneckenarten leben gut geschützt in ihren Häusern. Sie können ihre Schneckenhäuser mit einem kleinen Deckel, dem so genannten Operkulum, fest verschließen.

MEERES-SCHILDKRÖTEN

Diese Reptilien leben in tropischen und gemäßigten Gewässern und ernähren sich vorwiegend von Krebsen, Schnecken, Quallen und Algen. Je nach Art werden sie 75 cm bis 2 m groß. Alle Arten der Meeresschildkröten sind bedroht. Die schweren, behäbigen Tiere können sich nur schlecht verteidigen und sind häufige Opfer von Umweltverschmutzung und Fischernetzen. Schicksalhaft ist das große Interesse an ihrem Panzer, ihren Eiern und ihrem Fleisch. Nur die Weibchen ziehen zur Eiablage an den gleichen Strand, an dem auch sie geboren wurden.

Wanderung und Eiablage

Meeresschildkröten legen zum Teil tausende Kilometer zurück, um ihre Eier abzulegen. Bei Einbruch der Dunkelheit kommen die Weibchen aus dem Wasser und kriechen über den Sandstrand. In einiger Entfernung zum Ufer graben sie mit ihren Hinterflossen ein tiefes Loch und legen zwischen 50 und 200 Eier hinein. Danach bedecken sie die Eier mit Sand und überlassen sie ihrem Schicksal. Einige Arten wiederholen diesen Vorgang mehrere Male während der Paarungszeit.

Meeresschildkröten orientieren sich mithilfe des Lichts. In Nächten ohne Mondschein verlieren sie daher völlig die Orientierung.

Vom Land ins Meer

Meeresschildkröten stammen von ihren Artgenossen zu Land ab. Sie haben Lungen und kehren zum Atmen immer wieder an die Wasseroberfläche zurück. Sie können aber auch über ihre Haut Sauerstoff aufnehmen. Die Vorderfüße haben die Form von Flossen. Mit Ruderbewegungen können sie Geschwindigkeiten von 30 km/h erreichen.

Ein Reptil ohne Zähne

Schildkröten haben keine Zähne, aber ein Maul mit einem sehr kräftigen Kiefer. Manche Arten ernähren sich ausschließlich von Pflanzen. Die meisten Meeresschildkröten sind jedoch Fleischfresser. Leider kommt es immer wieder vor, dass sie Plastiktüten verschlucken, die sie für Quallen halten, und daran ersticken.

Echte Karettschildkröte
Wegen ihres prächtigen Panzers, us dem schmückende Gegenstände gefertigt werden, wird Jagd auf sie gemacht. Die kaum 1 m große Schildkröte mit hakenförmigem Schnabel lebt in Küstennähe.

Unechte Karettschildkröte
Sie ist die einzige Meeresschildkröte, die ihre Eier nicht in den Tropen legt. Sie hat einen großen Kopf, einen dicken, kurzen Hals und eine braun-orangefarbene Tönung. Sie frisst vor allem Krebse und Weichtiere.

Lederschildkröte
Sie ist die größte Meeresschildkröte. Sie wird knapp 2 m groß und wiegt über 500 kg. Sie hat keinen Panzer, sondern eine sehr dicke, ledrige Haut.

Einmaliges Schauspiel der Bastardschildkröten an einem Strand im Pazifischen Ozean. Zwischen September und November legen sie 30 Millionen Eier ab.

Die weißen Eier der Meeresschildkröten haben eine relativ weiche Schale. Sie sehen aus wie Tischtennisbälle.

Das Ausschlüpfen und der Weg zum Meer

Nur aus einem kleinen Teil der Eier schlüpfen Schildkrötenbabys. Viele Eier werden von Tieren gefressen oder durch Krankheiten vernichtet. Die nur wenige Zentimeter großen Jungtiere schlüpfen in der Regel nachts. Wenn sie aus dem Loch krabbeln, laufen sie instinktiv Richtung Meer. Auf dem Weg lauern jedoch viele Gefahren: Krebse und Vögel machen Jagd auf sie. Weniger als eines von zehn Schildkrötenbabys erreicht das Meer. Im Wasser lassen sie sich von der Meeresströmung treiben. Doch auch hier sind sie für Fische wie Barrakudas und Haie eine willkommene Nahrungsquelle.

Der Truthahngeier liebt das Fleisch junger Schildkröten.

INHALTSVERZEICHNIS

Titel der französischen Ausgabe:
L'Imagerie animale, Les animaux de la mer
Fachlektorat der deutschen Ausgabe:
Dr. Christa Söhl
Coverdesign: MWK, Köln
ISBN 3-89717-289-5
Printed in Italy

10 9 8 7 6 5 4 3 2 1